La chasse au stress

Livret d'accompagnement pour les parents

MANGO

Introduction

Selon Le *Larousse*, le stress est un « état réactionnel de l'organisme soumis à une agression brusque ». L'agression brusque est donc la responsable du stress. Pouvons-nous éradiquer de l'univers de nos enfants les agressions brusques ? Il y a peu de chances. Le simple fait d'être en interaction avec d'autres (parents, frères, sœurs, élèves, piétons...) à la maison, dans la rue, à l'école, peut potentiellement faire émerger ces agressions brusques et leur pendant : le stress... Le phénomène enfle si on y ajoute les agressions prolongées (un camarade qui embête un enfant à la récréation) ou répétées (le chien du voisin qui aboie chaque fois qu'on passe à côté de lui). Le stress est donc présent même quand on est âgés de 6 à 10 ans. On ne peut s'arrêter à ce constat « stressant ». Avec cette « boîte à outils » et ses 30 relaxations dynamiques issues de la sophrologie, vos enfants vont apprendre à gérer le stress au quotidien, retrouver des états de mieux-être et se détendre en toute autonomie et de façon pérenne.

Mode d'emploi des cartes

Les relaxations dynamiques de la sophrologie

Qu'est-ce que la sophrologie ?

Selon la Chambre syndicale de sophrologie, « le terme "sophrologie", inspiré du grec ancien, signifie "étude de l'harmonisation de la conscience". Cette méthode peut être utilisée comme technique thérapeutique ou vécue comme une philosophie de vie. Elle permet d'acquérir une meilleure connaissance de soi et d'affronter les défis du quotidien avec sérénité ».

La sophrologie, créée par le neuropsychiatre Alfonso Caycedo, a plus de cinquante ans. L'efficacité de ses techniques est reconnue et fait d'elle un outil précieux, entre autres, dans la gestion du stress et des émotions.

Que sont les relaxations dynamiques présentes dans cet étui ?

Méthode psycho-corporelle, la sophrologie allie corps et esprit. Dans les relaxations immobiles ou statiques telles que les sophronisations ou visualisations, le corps ne bouge pas et les mouvements sont intérieurs. Ici, il s'agit des relaxations sophrologiques dynamiques, où le corps est mis en mouvement et dont peuvent alors surgir des prises de conscience de peurs ou de freins et offrir des stimulations des capacités de chacun, mais aussi des relâchements des tensions, qu'elles soient psychiques, corporelles ou émotionnelles.

La sophrologie utilise plusieurs moyens lors des relaxations dynamiques. La respiration contrôlée, la détente musculaire et la suggestion mentale. Cette dernière peut se faire par les images du passé (les souvenirs) ou inventées au présent ou projetées dans le futur. À l'« Il était une fois » des contes, on préférera « Imaginez », « Imaginez-vous », « Souvenez-vous... »

La sophrologie et ses relaxations dynamiques adaptées aux enfants

Être accompagné en sophrologie est accessible, sans prérequis, à tous les âges. Les enfants n'en sont bien évidemment pas exclus. Les relaxations dynamiques sont tout à fait adaptées pour l'accès à la détente. Ils sauront s'en emparer, car le côté ludique leur plaira. Ils inventeront même parfois des relaxations dynamiques qui n'existent pas mais qui répondront exactement à leurs besoins. Les 30 relaxations dynamiques de cet étui ont été rédigées afin de correspondre à leur vocabulaire et leur permettre d'être, au fil de son utilisation, autonomes, acteurs de leur mieux-être.

Les bienfaits

L'environnement habituel des enfants de 6 à 10 ans pourrait se résumer rapidement à la maison, à l'école, à la garderie ou la nounou... Dans ces lieux, l'enfant explore, l'enfant apprend, mais l'enfant peut aussi être perdu, pris de peurs plus ou moins difficiles à gérer... La sophrologie est une technique efficace pour accompagner les enfants dans la gestion de tous ces soucis. L'école et sa cour d'école sont des endroits où les interactions avec les autres font parfois apparaître des stress chez les 6 à 10 ans. Des problématiques plus ciblées comme celles des enfants qui n'aiment pas l'école (ou leur instituteur ou les autres enfants) peuvent également apparaître... La sophrologie peut aussi accompagner l'enfant lors de changements déstabilisants comme l'arrivée d'un frère ou d'une sœur, ou encore des parents qui ont du mal à s'entendre, voire se séparent.

Avec ces relaxations dynamiques, vos enfants apprendront à surmonter des petits chagrins ou de plus gros soucis, à gérer leur stress, à se concentrer pour les devoirs, à mémoriser les tables de multiplication, à oser, à imaginer, à créer, à se dépasser, à surmonter les mauvaises notes, à mieux dormir, à mieux s'endormir, à rêver sans craintes... Et bien plus encore, les enfants sont étonnants. Vos enfants vont vous surprendre.

Les cartes de relaxation dynamique en détail

Les catégories

Les cartes de cet étui répondent au principe de la sophrologie qu'est la répétition vivantielle. Les relaxations dynamiques demandent, en effet, à être répétées pour activer puis pérenniser les états de mieux-être. Les cartes sont ludiques, c'est par le jeu et le plaisir que la sophrologie ici pratiquée sera le plus efficace dans les moments anxieux du quotidien. Par ailleurs, des cartes à portée de main et faciles d'utilisation sont le gage d'une réelle efficacité de la sophrologie au quotidien pour un enfant et ses parents.

Afin de pouvoir répondre à des problématiques multiples, le choix s'est porté sur 4 thèmes qui offrent des solutions pour surmonter et gérer les émotions qui débordent, comme la colère, les petites et grandes peurs, les petits et gros chagrins :

- ***Chasser le négatif :*** pour les émotions ressenties comme des tensions telle la colère et que l'enfant voudrait dépasser.
- ***Se remplir de positif :*** pour les sentiments d'apaisement, comme le calme qu'il aimerait retrouver.
- ***Prendre du recul :*** pour les envies ou besoins d'évasion, tel le lâcher prise qu'il aimerait ressentir.
- ***Se sentir en sécurité :*** pour des ressentis positifs de sécurité comme la force ou le courage lorsqu'il croit en être dépourvu.

Ces 4 thèmes, pris isolément ou mixés, agissent sur les situations quel que soit le degré de complexité des émotions.

Présentation d'une carte

L'objectif traduit en une ligne les intentions secondaires possibles de la carte (par exemple, « Éloigner les soucis »).

Le titre, imagé et facile à retenir, fait appel à l'imagination de l'enfant pour « vivre » la situation et lui donner envie d'essayer la relaxation.

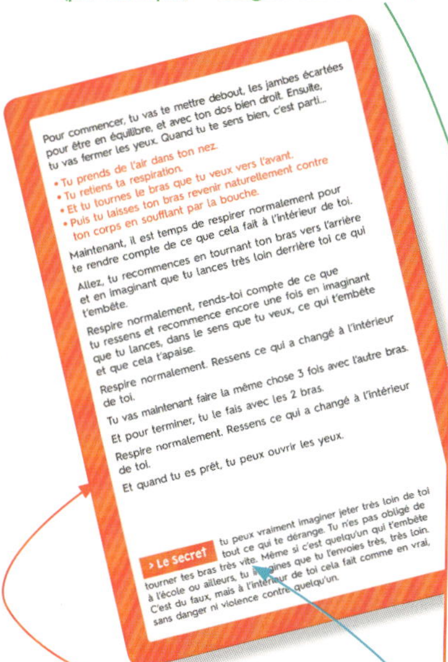

Pour commencer, tu vas te mettre debout, les jambes écartées pour être en équilibre, et avec ton dos bien droit. Ensuite, tu vas fermer les yeux. Quand tu te sens bien, c'est parti...

- Tu prends de l'air dans ton nez.
- Tu retiens ta respiration.
- Et tu tournes le bras que tu veux vers l'avant.
- Puis tu laisses ton bras revenir naturellement contre ton corps en soufflant par la bouche.

Maintenant, il est temps de respirer normalement pour te rendre compte de ce que cela fait à l'intérieur de toi.

Allez, tu recommences en tournant ton bras vers l'arrière et en imaginant que tu lances très loin derrière toi ce qui t'embête.

Respire normalement, rends-toi compte de ce que tu ressens et recommence encore une fois en imaginant que tu lances, dans le sens que tu veux, ce qui t'embête et que cela t'apaise.

Respire normalement. Ressens ce qui a changé à l'intérieur de toi.

Tu vas maintenant faire la même chose 3 fois avec l'autre bras.

Et pour terminer, tu le fais avec les 2 bras.

Respire normalement. Ressens ce qui a changé à l'intérieur de toi.

Et quand tu es prêt, tu peux ouvrir les yeux.

› Le Secret tu peux vraiment imaginer jeter très loin de toi tout ce qui te dérange. Tu n'es pas obligé de tourner tes bras très vite. Même si c'est quelqu'un qui t'embête à l'école ou ailleurs, tu imagines que tu l'envoies très, très loin. C'est du faux, mais à l'intérieur de toi cela fait comme en vrai, sans danger ni violence contre quelqu'un.

La couleur indique le thème de la carte (par exemple, «Chasser le négatif»), qui traduit l'intention principale de la carte.

Le secret : possibilité d'adaptation du mouvement avec des personnalisations en fonction d'un contexte particulier et des variantes pour aller plus loin.

L'illustration permet de bien mémoriser le mouvement avec la position réelle du corps et de développer son imaginaire grâce à un décor qui va l'aider à « inventer » sa séance.

Le rose indique la respiration :

- inspiration (nez ou bouche selon les cas)
- expiration (nez ou bouche selon les cas)

En vert :

- mouvement de la tête des bras ou des jambes

Le vocabulaire adapté aux 6 à 10 ans favorise la compréhension et la mémorisation de l'enfant : utilisation du tutoiement pour une proximité avec l'enfant, choix du pronom possessif à la deuxième personne du singulier – « ton dos, ton ventre » – pour le connecter à son propre corps, etc.

Comment se servir des cartes ?

Prenons l'exemple d'un enfant qui rentre de l'école et qui a des attitudes marquées de tristesse. L'enfant répond juste « Je ne sais pas » ou « Je ne suis pas triste » alors que tout semble montrer le contraire. Il se peut d'ailleurs que ce ne soit pas la tristesse qui l'encombre même si les manifestations y font penser. Le parent peut alors se saisir des cartes et laisser l'enfant en tirer une au hasard ou lui demander dans quelle couleur il se sent ou ce qu'il désire vivre (par exemple : rouge pour chasser ce qui le gêne, bleu pour se sentir apaisé, vert pour oublier ce qui le peine, orange pour se sentir fort face à la situation).

Au commencement

Pourquoi ne faut-il pas imposer la carte à l'enfant ? Car il est important de l'accompagner à partir de là où il est.. Le dialogue est plus serein et le parent reconnaît le mal-être de son enfant, ce qui fait retomber une partie de la tension naturellement, car l'enfant se sent écouté.

Nous sommes dans l'environnement de la tête, de l'esprit.

Si l'émotion est envahissante, il est préférable de laisser l'enfant choisir au hasard. Intuitivement, il saura choisir la carte dont il a besoin. Le dialogue se fait au niveau du cœur.

Il pourra choisir selon son âge, ou son tempérament, ou son humeur par rapport à la couleur : il a la possibilité de choisir le rouge s'il est très en colère, le bleu s'il a besoin d'apaisement, le vert s'il recherche l'évasion, l'orange s'il veut rire...

Il pourra aussi choisir selon les dessins. Intuitivement, il devrait être attiré par la pose représentée sur la carte et par la posture dans laquelle il a envie d'être. Ici, on parle au corps.

Tête, cœur ou corps, l'enfant est le meilleur pour choisir ce dont il a besoin pour lui-même... Le soi n'a pas d'âge. Il est bon de laisser agir son intuition pour qu'il aille là où il le désire et non là où l'autre voudrait qu'il aille.

L'accompagnement

L'objectif de cet étui peut être multiple selon vos besoins ou désirs, et les besoins ou désirs de votre enfant.

> Soit être en présence de votre enfant et l'accompagner pour créer ou resserrer des liens avec lui dans un espace de sécurité et d'écoute.

> Soit le laisser en toute autonomie afin qu'il s'approprie les cartes de lui-même et apprenne seul à retrouver ses ressentis positifs ou à calmer ses tensions.

> Soit mixer les deux, parfois en sa compagnie s'il en a envie, parfois seul quand il l'exprime.

Tout est juste. Faites confiance à votre intuition et à la sienne.

Quel que soit l'âge de l'enfant, qu'il sache lire ou non, il peut être intéressant que l'adulte lise une première fois le texte. Cela tisse un lien. L'enfant n'est plus seul face à son émotion. Grâce à l'écoute qui lui est offerte, une solution directe de son choix lui est permise. Tout cela a pour effet de faire descendre encore la tension.

Tout cela doit se faire dans une ambiance de laquelle un maximum de contraintes ou d'injonctions sont ôtées. Il n'est pas besoin de revêtir des vêtements amples. Cet étui a été conçu pour pouvoir être emporté partout et être utilisable partout. Vous n'aurez donc pas toujours l'occasion de pouvoir faire se changer votre enfant... Faites juste attention à ce qui pourrait l'entraver ou le gêner, comme une montre au poignet, des lunettes qui pourraient tomber...

Demandez simplement à votre enfant en le regardant : « Es-tu à l'aise pour faire les mouvements que tu as choisis ? »

On parle ici de mouvements et non d'exercices parce que ces derniers entrent dans le champ sémantique de l'école et donc de l'obligation.

Dans une même volonté de bienveillance, l'enfant ne doit pas se sentir jugé. Ce n'est donc pas important si le mouvement ou la position n'est pas strictement identique à ce que décrit la carte. Au fur et à mesure, il va retenir les mouvements voire surprendre tout le monde en inventant des mouvements lui-même. Laissez parler sa créativité. Il sait ce qui est bon pour lui.

Cet étui doit pouvoir être un passage de relais entre vous et votre enfant. S'il commence la lecture, lorsque vous l'aurez accompagné au début, il saura, au fur et à mesure, s'en saisir grâce aux codes couleur, aux dessins, au vocabulaire clair et simple... S'il sait lire, il a là aussi tous les outils pour être en autonomie.

Il faut garder à l'esprit qu'il n'existe pas une seule carte possible pour un ressenti, au contraire plusieurs peuvent convenir.

La carte « Éole soufflant sur les nuages » allège la tristesse.

La carte « Dire oui » permet d'accueillir la joie.

La carte « Les jumeaux » permet de voir plus clair en soi si on est perdu.

La carte « Le courage est en toi » permet de se sentir fort avec des bras solides pour affronter une situation.

Et après ?

Si vous êtes en sa présence, demandez à votre enfant s'il a besoin d'autre chose, s'il veut recommencer, puis validez avec lui qu'il se sent mieux.

Il est possible qu'il ne puisse pas se sentir tout de suite bien... Mais le processus de mieux-être est en place et va continuer à se dérouler après la relaxation.

Votre enfant s'engage là aussi sur son chemin d'autonomie. Il va grandir en se sécurisant. Il va regarder sa vie autrement. Il va se connecter à lui-même et il va découvrir ce qui est bon pour lui, dans quel état il se sent bien... Il peut également vivre « le faire autrement », les choses ne sont plus alors ce qu'il croyait. Il va partir dans un voyage personnel. Il pourrait à son tour vous donner des petits trucs, les partager avec ses camarades à l'école, en famille ou partout ailleurs.

Se connaissant mieux, s'apaisant, ayant des solutions pour se détendre, il va pouvoir élargir son monde à explorer. Il pourrait être plus curieux, courageux, entreprenant... Il pourrait trouver de nouveaux centres d'intérêt, se concentrer là où il était quelque peu éparpillé...

Plus détendu, plus à l'aise avec le monde qui l'entoure, en un mot plus heureux...

Les cartes en famille ou en groupe

Les cartes peuvent être utilisées en famille sans que cela soit un jeu de société, mais plutôt un média pour des moments de partage qui mettent enfant et parent, frère et sœur de tout âge au même niveau...

Elles peuvent être utilisées comme des rituels d'avant-repas, de retour de l'école, d'avant le coucher, ou tout bonnement comme un support pour parler d'émotions ou de ressentis tous ensemble.

À l'école ou dans des endroits de rassemblement d'enfants, les cartes peuvent être utilisées en groupe. À l'adulte d'accompagner le groupe et de trouver un besoin commun à celui-ci.

En vacances, le mercredi, lors d'un goûter d'anniversaire, cela peut aussi être un bon moyen pour créer le groupe puis le fédérer sur un objectif commun ou encore poser un cadre où chacun accepte les règles d'une façon apaisée. Si le groupe est en tension, en proposant une carte pour chasser le négatif, les tensions, la colère, cela peut permettre de faire redescendre les conflits tous ensemble avant de repartir sur une autre activité de façon sereine.

Si un enfant ne souhaite pas y participer, il faut le laisser se mettre en retrait tout en lui demandant de rester dans le groupe. Tous les enfants ne sont pas à l'aise dans des mouvements de groupe où le corps est mis en action, par exemple. Il peut avoir peur de ne pas réussir ou d'être ridicule. En regardant les autres faire, il pourrait se rendre compte tout à coup qu'il a envie de le faire lui aussi... ou non... ou plus tard... Observer et regarder, c'est aussi un apprentissage efficace.

Les combinaisons de cartes

Les cartes peuvent aussi être composées afin de proposer à l'enfant des relaxations enchaînées en cohérence avec son besoin de détente. Si une seule relaxation dynamique n'a pas suffi et qu'il désire approfondir son mieux-être si son ressenti est plus fort, il peut ainsi, au lieu de refaire la même relaxation dynamique plusieurs fois, l'accompagner d'une autre qui tend vers un objectif commun.

Les intentions choisies ne sont pas forcément celles notées sur la carte, il suffit de l'énoncer dans le déroulé de la relaxation si vous lisez les cartes à votre enfant ; et s'il le fait seul il suffit que lorsqu'il pratique la relaxation dynamique son intention soit celle-ci dans son esprit. Cela montre également que les relaxations peuvent avoir une multitude de variantes selon les besoins, les envies, l'imagination et la créativité de chacun.

La colère

Afin de faire baisser la colère pour la gérer, il y a ici 2 cartes qui permettent de chasser les tensions. Quand les tensions ne sont plus aussi présentes voire inexistantes, alors se remplir de calme est possible, le ressentir ensuite également.

› **Le piston** pour mettre dans la terre ce qui met en colère.

› **Les ailes d'un moulin** pour éloigner loin ce qui reste encore.

› **Le ballon** pour se remplir de calme.

› **Dans la forêt** pour marcher calmement

La timidité

La timidité est souvent liée à un manque de confiance en soi ou d'estime de soi. La première concerne un déficit de confiance

en ses capacités de faire. La seconde concerne un déficit dans la façon dont on se perçoit, la valeur que l'on se donne est égratignée.

Pour se recharger en énergies positives pour se voir autrement, les 3 premières cartes permettent de se mettre en sécurité, de se sentir et de ressentir ses capacités pour avoir confiance en soi et devenir invincible face aux autres et se sentir à la hauteur des autres.

- › **À la piscine** pour se recentrer sur soi.
- › **Les 5 sens** pour se rendre compte de ses capacités.
- › **Comme un grand** pour se sentir grand ou **Le géant** pour se sentir invincible.
- › **La danse** pour se remplir de calme face aux autres.

La peur

La peur tétanise, la peur fait partir en courant, la peur empêche de faire ce que l'on désire. Pour se sentir mieux, pour se détendre, il est bon de l'exploser symboliquement

Se créer ensuite une bulle de sécurité pour qu'elle ne rentre plus. C'est alors qu'on peut se concentrer et ancrer la détente, la sérénité, puis ressentir son équilibre.

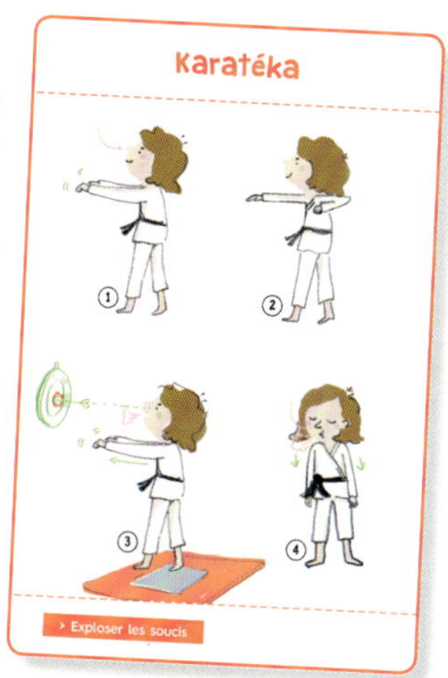

› **Karatéka** pour exploser la peur.
› **La bulle** pour la bulle de sécurité.
› **L'interrupteur** pour ancrer la sérénité.
› **Le trampoline** pour se ressentir en équilibre.

Au secours, les enfants ne m'aiment pas à l'école !

Quand un enfant ne se sent pas aimé par les autres à l'école, les raisons peuvent être multiples. Il peut s'accrocher inconsciemment aux autres de peur d'être abandonné. Il peut tout autant penser qu'il n'est pas assez bien et que les autres le rejettent. Il peut également se sentir perdu et ne pas savoir comment faire pour entrer en communication avec les autres... Et bien d'autres choses encore... Pour tout ce qui concerne le manque de confiance ou d'estime de soi, les exemples précédents peuvent accompagner l'enfant pour qu'il se sente mieux face aux autres. Le choix s'est donc porté sur l'hypothèse où l'enfant est perdu face aux autres, car il ne sait peut-être pas vraiment qui il est et ne perçoit pas les points communs entre lui et les autres... Petit voyage au pays de la connaissance de soi.

› **Les jumeaux** pour entendre le message qui vient de soi.
› **Le meilleur ami** pour entendre le message de l'autre.
› **À la plage** (ou **À la montagne**, **Dans la forêt** selon ce qu'il préfère) pour regarder autrement les relations avec les autres.
› **Dire oui** pour se rendre compte qu'il est unique et identique aux autres.

Au secours, je suis nul !

Le « Je suis nul » existe souvent dans les mots/maux d'enfants. L'école primaire les met pour la première fois face à des exigences de performance, des stress intérieurs ou renvoyés par les proches, face aux moqueries des autres également... La première chose à faire est de dire à l'enfant qu'il n'est pas nul mais qu'il se sent nul : et cela change tout, car lorsque l'enfant s'identifie en entier à ce côté d'échec, il ne sait comment en sortir. Se sentir nul remet la nullité à sa place de ressenti. Un ressenti, une émotion, un sentiment peut changer. On peut tous être le matin en colère et l'après-midi heureux.

Ce ressenti de nullité amène la fatigue, les épaules retombent, le souffle est court, le corps se recroqueville. Cet enchaînement va permettre à l'enfant de retrouver de l'énergie, de se remettre debout et de se voir autrement

› **L'éponge magique** pour se mettre dans de bonnes dispositions et effacer les soucis.
› **Le piston** pour activer l'énergie et la confiance en soi.
› **Le chat** pour se remplir de force et de courage.
› **Le miroir** pour se voir autrement, se sentir fier.

Au secours, les devoirs me stressent !

Les fameux devoirs... Ceux qui sont faits en classe, ceux qui doivent être faits à la maison, ceux des vacances, ceux dont l'enfant se passerait bien, ceux qui engendrent des soirées de stress, des soupes à la grimace... Pour la problématique de la note, vous avez le protocole sur le « Je suis nul ». Ici, l'objectif est la concentration : en effet, avec de la concentration souvent cette obligation scolaire se passe mieux, car l'enfant se sent et devient plus efficace... Pour commencer, il faut un environnement propice au travail, décider de travailler avec courage, et se rendre compte qu'on a la capacité de se concentrer. Lorsque l'enfant ressentira cette capacité et ses bienfaits, il saura la retrouver où qu'il soit, à l'école ou à la maison et partout ailleurs dans n'importe quelle situation qui demande de la concentration. La concentration permet également de se remplir de calme dans les moments de stress.

› **Éole soufflant sur les nuages** pour s'alléger des tracas de la journée, être dans un environnement positif.

› **Les aiguilles d'une montre** pour faire du temps un allié et non un ennemi, choisir de se concentrer pour son mieux-être.

› **Le courage est en toi** pour se sentir prêt à relever tous les défis.

› **Les rêves** pour vivre la concentration sur un objet et se rendre compte qu'on est capable de se concentrer.

Si vous accompagnez votre enfant dans ces mouvements enchaînés, il est essentiel de lui demander s'il désire toujours continuer entre chaque mouvement. S'il refuse, il est important de le laisser arrêter, car il faut garder la confiance que ces cartes ne sont pas des « devoirs », mais du plaisir de se sentir mieux pour lui-même et non pour faire plaisir au parent ou à l'adulte. S'il est seul, il saura trouver dans son étui ce dont il a besoin et là où il doit s'arrêter. Souvent, quand aucune demande n'est formulée, un enfant va bien plus loin que l'on aurait pu penser.

Le petit mot en plus

Ces cartes de relaxation dynamique sont inspirées de la sophrologie et adaptées à un enfant de 6 à 10 ans. Certaines d'entre elles sont des créations, des variantes où la déontologie, la philosophie et l'objectif de la sophrologie sont respectés en intégralité.

Cet étui est aussi une jolie découverte de la sophrologie par son versant des relaxations dynamiques, car celle-ci rassemble d'autres outils.

Dans le cas d'une problématique plus « lourde » en termes de gestion de stress ou d'émotions, cet étui peut accompagner l'enfant en complément de séances chez un sophrologue afin de pouvoir refaire plus facilement les mouvements entre les séances. Cela peut également l'aider dans la gestion de ses émotions dans le cadre d'un autre accompagnement thérapeutique. Il ne remplace en aucun cas un accompagnement complet par un professionnel de la santé ou du mieux-être. Il est par contre compatible avec toutes les techniques qui seront proposées à votre enfant.

Belle aventure à tous sur le chemin du mieux-être, de la détente, de la sérénité...

Anne-Sophie Picquart est sophrologue, formée à l'Institut de formation à la sophrologie, et est certifiée RNCP. Elle est également, à Paris, coach en développement personnel et l'auteure de *Quand les hirondelles volent en V*, un roman interactif de mieux-être aux éditions Mango.

Collection *Ma boîte à outils*

Collection *Étui zen*